Autres documentaires de l'autrice.

Les Cloportes
Le Lierre
Le Lama
Les Gendarmes

Ouvrages jeunesse et pour adultes à découvrir sur jeanne-selene.fr

http://jeanne-selene.com – jeanneselene@outlook.fr
Correction : Sans Coquille – contact@sanscoquille.fr
Illustrations et photographies : images CCO
Jeanne Sélène, Saint-Brice, France

ISBN : 979-10-96202-96-6

Jeanne Sélène présente...
Le ragondin !

Les ragondins sont
des mammifères de la
famille des Echimyidae
ou rats épineux.
On les appelle aussi
les myopotames ou les myocastors.

Ce gros mammifère semi-aquatique est originaire d'Amérique du Sud. Suite à des lâchers ou des évasions, il s'est aussi installé en Asie, Afrique orientale, Amérique du Nord et Europe.

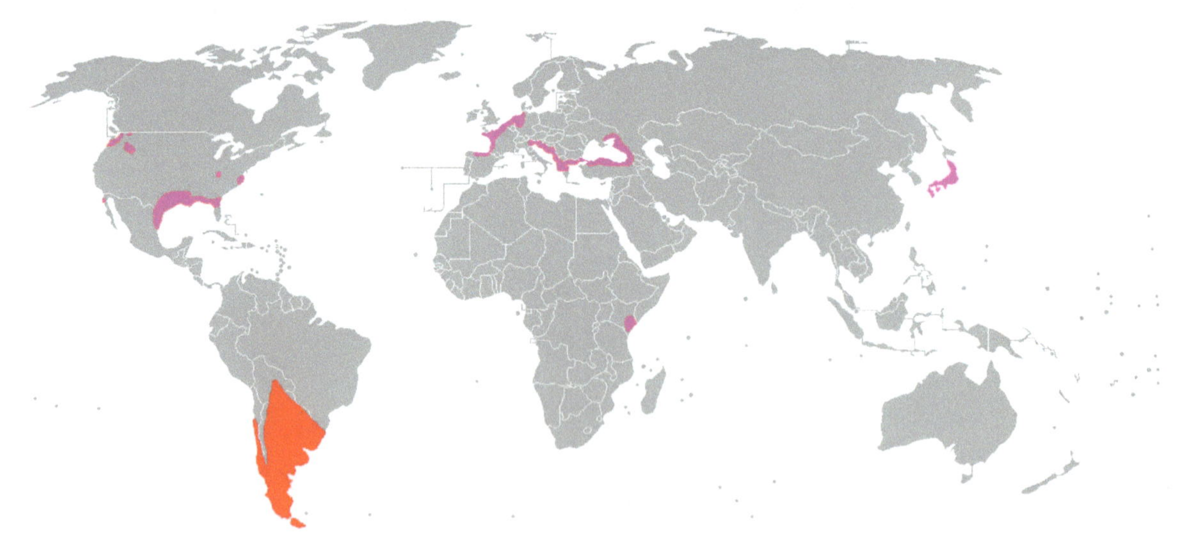

Le ragondin pèse en moyenne 7 kg et mesure entre 40 et 60 cm de corps sans compter 25 à 45 cm de queue !

Les ragondins s'activent surtout au crépuscule et la nuit, mais on peut tout de même les croiser bien réveillés en journée.

Contrairement aux castors, les

ragondins ne sont pas adaptés

aux hivers rigoureux.

Leur queue peut geler et cela

peut entraîner leur mort.

Le ragondin est reconnaissable à ses quatre grandes incisives rouge-orange.

Les ragondins préfèrent vivre
auprès d'étendues d'eau douce,
parfois saumâtre,
c'est-à-dire légèrement salée,
mais moins que la mer.

Les ragondins creusent des terriers de 6 à 7 mètres, le long des berges. Les terriers possèdent plusieurs entrées dont une subaquatique, sous l'eau.

Rongeurs herbivores,
les ragondins mangent des
céréales, des racines, des herbes,
des glands... Rarement, ils
consomment des écrevisses
ou des moules d'eau douce.

Les mamelles des femelles
sont sur les flancs pour
permettre de nager avec
les bébés accrochés aux tétines.

2 à 3 fois par an,
elles donnent naissance
à des portées de 5 à 7 petits.

Ordre : rodentia.

Sous-ordre : hystricomorpha.

Famille : myocastoridae.

Prédateurs naturels : caïmans et pumas.

Prédateurs en France : uniquement les jeunes sont la proie de fouines, renards, buses, busards, chouettes effraies.

Individu albinos

Références bibliographiques : Wikipédia.
Licence photographies et illustrations **CCO** :
Alexas_Fotos, minka2507, Bru-nO, ivabalk, Seaq68, photo-graphe, DominikRh,
depuis Pixabay pour les attributions requises.
Shiroi_kiba, Eric@focus et Claude Attard on VisualHunt.com
Mapa_Myocastor_coypus_Par Osado, domaine public.
Merci à tous et toutes !
Police d'écriture : cursivestandard, **CCO**.
Dépôt légal : deuxième trimestre 2021
Loi n° 49-956 du 16 juillet 1949